LA

MORALE ANARCHISTE

I

L'histoire de la pensée humaine rappelle les oscillations du pendule, et ces oscillations durent déjà depuis des siècles. Après une longue période de sommeil arrive un moment de réveil. Alors la pensée s'affranchit des chaînes dont tous les intéressés — gouvernants, hommes de loi, clergé — l'avaient soigneusement entortillée. Elle les brise. Elle soumet à une critique sévère tout ce qu'on lui avait enseigné et met à nu le vide des préjugés religieux, politiques, légaux et sociaux, au sein desquels elle avait végété. Elle lance la recherche dans des voies inconnues, enrichit notre savoir de découvertes imprévues ; elle crée des sciences nouvelles.

Mais l'ennemi invétéré de la pensée, — le gouve   nt, l'homme de loi, le religieux — se relève^{nt} bientôt de la défaite. Ils rassemblent peu à peu leurs forces disséminées ; ils rajeunissent leur foi et leurs codes en les adaptant à quelques besoins nouveaux. Et profitant de ce servilisme (du caractère et de la pensée) qu'ils avaient si bien cultivé eux-mêmes, profitant de la désorganisation momentanée de la société, exploitant le besoin de repos des uns, la soif de s'enrichir des autres, les espérances trompées des troisièmes — surtout les espérances trompées, — ils se remettent doucement à leur œuvre en s'emparant d'abord de l'enfance par l'éducation.

L'esprit de l'enfant est faible, il est si facile de le soumettre par la terreur : c'est ce qu'ils font. Ils le rendent craintif, et alors ils lui parlent des tourments de l'enfer ; ils font miroiter devant lui les souffrances de l'âme damnée, la vengeance d'un dieu implacable. Un moment après, ils lui parleront des horreurs de la Révolution, ils exploiteront un excès des révolutionnaires pour faire de l'enfant un «ami de l'ordre». Le religieux l'habituera à l'idée de *loi* pour le faire mieux obéir à ce qu'il appellera la loi divine, et l'avocat lui parlera de loi divine pour le faire mieux obéir à la loi du code. Et la pensée de la génération suivante prendra ce pli religieux, ce pli autoritaire et servile en même temps, — autorité et

servilisme marchent toujours la main dans la
main, — par cette habitude de soumission que
nous ne connaissons que trop chez nos contem-
porains.

Pendant ces périodes de sommeil, on discute
rarement les questions de morale. Les pratiques
religieuses, l'hypocrisie judiciaire en tiennent
lieu. On ne critique pas, on se laisse mener
par l'habitude, par l'indifférence. On ne se
passionne ni pour ni contre la morale établie.
On fait ce que l'on peut pour accommoder
extérieurement ses actes à ce que l'on dit pro-
fesser. Et le niveau moral de la société tombe
de plus en plus. On arrive à la morale des Ro-
mains de la décadence, de l'ancien régime, de
la fin du régime bourgeois.

Tout ce qu'il y avait de bon, de grand, de gé-
néreux, d'indépendant chez l'homme s'émousse
peu à peu, se rouille comme un couteau resté sans
usage. Le mensonge devient vertu; la platitude,
un devoir. S'enrichir, jouir du moment, épuiser
son intelligence, son ardeur, son énergie, n'importe comment devient le mot d'ordre des classes
aisées, aussi bien que de la multitude des gens
pauvres dont l'idéal est de paraître bourgeois.
Alors la dépravation des gouvernants, — du
juge, du clergé et des classes plus ou moins
aisées — devient si révoltante que l'autre oscil-
lation du pendule commence.

La jeunesse s'affranchit peu à peu, elle jette
les préjugés par dessus bord, la critique re-

vient. La pensée se réveille, chez quelques-uns d'abord; mais insensiblement le réveil gagne le grand nombre. La poussée se fait, la révolution surgit.

———

Et chaque fois, la question de la Morale revient sur le tapis. — « Pourquoi suivrai-je les principes de cette morale hypocrite ? » se demande le cerveau qui s'affranchit des terreurs religieuses. — «Pourquoi n'importe quelle morale serait-elle obligatoire ? »

On cherche alors à se rendre compte de ce sentiment moral que l'on rencontre à chaque pas, sans l'avoir encore expliqué, et que l'on n'expliquera jamais tant qu'on le croira un privilège de la nature humaine, tant qu'on ne descendra pas jusqu'aux animaux, aux plantes, aux rochers pour le comprendre. On cherche cependant à se l'expliquer selon la science du moment.

Et — faut-il le dire? — plus on sape les bases de la morale établie, ou plutôt de l'hypocrisie qui en tient lieu — plus le niveau moral se relève dans la société. C'est à ces époques surtout, précisément quand on le critique et le nie, que le sentiment moral fait les progrès les plus rapides; c'est alors qu'il croît, s'élève, se raffine.

———

On l'a vu au dix-huitième siècle. Dès 1723, Mandeville, l'auteur anonyme qui scandalisa.

l'Angleterre par sa « Fable des Abeilles » et les commentaires qu'il y ajouta, attaquait en face l'hypocrisie sociale connue sous le nom de Morale. Il montrait comment les coutumes soi-disant morales ne sont qu'un masque hypocrite ; comment les passions que l'on croit maîtriser par le code de morale courante, prennent au contraire une direction d'autant plus mauvaise, à cause des restrictions mêmes de ce code. Comme Fourier, il demandait place libre aux passions, sans quoi elles dégénèrent en autant de vices ; et, payant en cela un tribut au manque de connaissances zoologiques de son temps, c'est-à-dire, oubliant la morale des animaux, il expliquait l'origine des idées morales de l'humanité par la flatterie intéressée des parents et des classes dirigeantes.

On connaît la critique vigoureuse des idées morales faite plus tard par les philosophes écossais et les encyclopédistes. On connaît les anarchistes de 1793 et on sait chez qui l'on trouve le plus haut développement du sentiment moral : chez les légistes, les patriotes, les jacobins qui chantaient l'obligation et la sanction morale par l'Etre Suprême, ou chez les athéistes hébertistes qui niaient, comme Guyau, et l'obligation et la sanction de la morale.

———

— « Pourquoi serai-je moral ? » Voilà donc la question que se posèrent les rationalistes du XIIᵉ siècle, les philosophes du XVIᵉ siècle, les

philosophes et les révolutionnaires du XVIII°
siècle. Plus tard, cette question revint de nouveau chez les utilitariens anglais (Bentham et
Mill), chez les matérialistes allemands tels que
Büchner, chez les nihilistes russes des années
1860 70, chez ce jeune fondateur de l'éthique
anarchiste (la science de la morale des sociétés) — Guyau — mort malheureusement trop
tôt ; voilà, enfin, la question que se posent en
ce moment les jeunes anarchistes français.

Pourquoi, en effet ?
Il y a trente ans, cette même question pas-
sionna la jeunesse russe. — « Je serai immoral », venait dire un jeune nihiliste à son ami,
traduisant en un acte quelconque les pensées
qui le tourmentaient. — « Je serai immoral,
et pourquoi ne le serai-je pas ?

— « Parce que la bible le veut ? Mais la bible
n'est qu'une collection de traditions babylo-
niennes et judaïques — traditions collection-
nées comme le furent les chants d'Homère ou
comme on le fait encore pour les chants bas-
ques ou les légendes mongoles ! Dois-je donc
revenir à l'état d'esprit des peuples à demi-
barbares de l'Orient ?

« Le serai-je parce que Kant me parle d'un
catégorique impératif, d'un ordre mystérieux qui me vient du fond de moi-même et
qui m'ordonne d'être moral ? Mais pourquoi
ce « catégorique impératif » aurait-il plus de

droits sur mes actes que cet autre impératif qui de temps en temps, me donnera l'ordre de me soûler ? — Un *mot*, rien qu'un mot, tout comme celui de Providence ou de Destin, inventé pour couvrir notre ignorance !

— « Ou bien, serais-je moral pour faire plaisir à Bentham qui veut me faire croire que je serai plus heureux si je me noie pour sauver un passant tombé dans la rivière que si je le regarde se noyer ?

— « Ou bien encore, parce que mon éducation est telle ? parce que ma mère m'a enseigné la morale ? Mais alors, devrai-je aussi m'agenouiller devant la peinture d'un christ ou d'une madone, respecter le roi ou l'empereur, m'incliner devant le juge que je sais être un coquin, seulement parce que ma mère, — nos mères à nous tous, — très bonnes, mais très ignorantes, nous ont enseigné un tas de bêtises ?

« Préjugés, comme tout le reste, je travaillerai à m'en défaire. S'il me répugne d'être immoral, je me forcerai de l'être, comme, adolescent, je me forçais à ne pas craindre l'obscurité, le cimetière, les fantômes et les morts, dont on m'avait inspiré la crainte. Je le ferai pour briser une arme exploitée par les religions je le ferai, enfin, ne serait-ce que pour protester contre l'hypocrisie que l'on prétend nous imposer au nom d'un *mot*, auquel on a donné le nom de moralité.

Voilà le raisonnement que la jeunesse russe se faisait au moment où elle rompait avec les préjugés du Vieux-Monde et arborait ce drapeau du nihilisme, ou plutôt de la philosophie anarchiste : « Ne se courber devant *aucune* autorité, si respectée qu'elle soit ; n'accepter aucun principe, tant qu'il n'est pas établi par la raison. »

Faut-il ajouter qu'après avoir jeté au panier l'enseignement moral de leurs pères et brûlé tous les systèmes de Morale, la jeunesse nihiliste a développé dans son sein un noyau de *coutumes* morales, infiniment supérieures à tout ce que leurs pères avaient jamais pratiqué sous la tutelle de l'Évangile, de la « conscience », du « catégorique impératif », ou de « l'intérêt bien compris » des utilitaires ?

Mais avant de répondre à cette question : « Pourquoi serai-je moral ? » voyons d'abord si la question même est bien posée ; analysons les motifs des actes humains.

II

Lorsque nos aïeux voulaient se rendre compte de ce qui pousse l'homme à agir d'une façon ou d'une autre, ils y arrivaient d'une façon bien simple. On peut voir jusqu'à présent des images catholiques qui représentent leur explication. Un homme marche à travers champs et, sans s'en douter le moins du monde, il porte un diable sur son épaule gauche et un ange sur

son épaule droite. Le diable le pousse à faire le
mal, l'ange cherche à l'en retenir. Et si l'ange a
eu le dessus, et l'homme est resté vertueux,
trois autres anges s'emparent de lui et l'empor-
tent vers les cieux. Tout s'explique ainsi à mer-
veille.

Nos vieilles bonnes d'enfants, bien renseignées
sur ce chapitre, vous diront qu'il ne faut jamais mettre un enfant au lit sans déboutonner
le col de sa chemise. Il faut laisser ouverte, à
la base du cou, une place bien chaude, où
l'ange gardien puisse se capitonner. Sans cela,
le diable tourmenterait l'enfant jusque dans son
sommeil.

Ces conceptions naïves s'en vont. Mais si les
vieux mots disparaissent, l'essence reste toujours
la même.

La gent éduquée ne croit plus au diable ;
mais, comme ses idées ne sont pas plus ration-
nelles que celles de nos bonnes d'enfants, elle
déguise le diable et l'ange sous un verbiage
scholastique, honoré du nom de philosophie.
Au lieu de « diable, » on dira aujourd'hui « la
chair, les passions ». « L'ange » sera remplacé
par les mots « conscience, ou âme », — « reflet
de la pensée d'un dieu créateur », ou du « grand
architecte », — comme disent les francs-ma-
çons. Mais les actes de l'homme sont toujours
représentés comme le résultat d'une lutte entre
deux éléments hostiles. Et l'homme toujours
est considéré d'autant plus vertueux que l'un

de ces deux éléments — l'âme ou la conscience — aura remporté plus de victoires sur l'autre élément — la chair ou les passions.

On comprend facilement l'étonnement de nos grands-pères lorsque les philosophes anglais, et plus tard, les encyclopédistes, vinrent affirmer, contrairement à ces conceptions primitives, que le diable et l'ange n'ont rien à voir dans les actions humaines, mais que toutes les actions de l'homme, bonnes ou mauvaises, utiles ou nuisibles, dérivent d'un seul motif : la recherche du plaisir.

Toute la confrérie religieuse et surtout la tribu nombreuse des pharisiens crièrent à l'immoralité. On couvrit les penseurs d'invectives, on les excommunia Et lorsque plus tard, dans le courant de notre siècle, les mêmes idées furent reprises par Bentham, John Stuart Mill, Tchernychevsky, et tant d'autres, et que ces penseurs vinrent affirmer et prouver que l'égoïsme, ou la recherche du plaisir, est le vrai motif de toutes nos actions, les malédictions redoublèrent. On fit contre leurs livres la conspiration du silence, on en traita les auteurs d'ignares.

Et cependant, que peut-il y avoir de plus vrai que cette affirmation ?

Voici un homme qui enlève le dernier morceau de pain à l'enfant. Tout le monde s'accorde à dire qu'il est un affreux égoïste, qu'il est guidé exclusivement par l'*amour de soi-même*.

Mais voici un autre homme, que l'on s'accorde à reconnaître vertueux. Il partage son dernier morceau de pain avec celui qui a faim. il ôte son vêtement pour le donner à celui qui a froid. Et les moralistes, parlant toujours le jargon religieux, s'empressent de dire que cet homme pousse l'amour du prochain jusqu'à l'*abnégation de soi-même*, qu'il obéit à une passion tout autre que celle de l'égoïste.

Et cependant, en y réfléchissant un peu, on découvre bien vite que, si différentes que soient les deux actions comme résultat pour l'humanité, *le mobile* a toujours été le même. C'est la recherche du plaisir.

Si l'homme qui donne sa dernière chemise n'y trouvait pas de plaisir, il ne le ferait pas. S'il trouvait plaisir à enlever le pain à l'enfant, il le ferait ; mais cela lui répugne, il trouve plaisir à le donner, et il le donne en effet.

S'il n'y avait pas inconvénient à créer de la confusion, en employant des mots qui ont une signification établie pour leur donner un sens nouveau, on dirait que l'un et l'autre agissent sous l'impulsion de leur *égoïsme*. D'aucuns l'ont dit réellement, afin de mieux faire ressortir la pensée, de préciser l'idée en la présentant sous une forme qui frappe l'imagination — et de détruire en même temps la légende qui con-

siste à dire que ces deux actes ont deux motifs différents. — Ils ont le même motif de rechercher le plaisir, ou bien d'éviter une peine,
ce qui revient au même.

———

Prenez le dernier des coquins : un Thiers, qui
massacre trente-cinq mille Parisiens ; prenez
l'assassin qui égorge toute une famille pour se
vautrer dans la débauche. Ils le font, parce que,
en ce moment, le désir de gloire, ou bien celui
de l'argent, priment chez eux tous les autres
désirs : la pitié, la compassion même, sont étein-
tes en ce moment par cet autre désir, cette autre
soif. Ils agissent presqu'en automates, *pour satisfaire un besoin de leur nature.*
Ou bien, laissant de côté les fortes passions,
prenez l'homme petit, qui trompe ses amis, qui
ment à chaque pas, soit pour soutirer à quelqu'un la valeur d'une chope, soit par vantardise,
soit par ruse. Prenez le bourgeois qui vole sou
à sou ses ouvriers pour acheter une parure à
à sa femme ou à sa maîtresse. Prenez n'importe
quel petit coquin. Celui-là encore ne fait qu'obéir
à un penchant ; il cherche la satisfaction d'un
besoin, il cherche à éviter ce qui, pour lui, serait
une peine.

———

On a presque honte de comparer ce petit coquin à quelqu'un qui sacrifie toute son existence pour la libération des opprimés, et monte
à l'échafaud, comme un nihiliste russe, tant les

résultats de ces deux existences sont différents pour l'humanité ; tant nous nous sentons attirés vers l'une et repoussés par l'autre.

Et cependant, si vous parliez à ce martyr, à la femme que l'on va pendre, lors même qu'elle va monter à l'échafaud, elle vous dirait qu'elle ne donnerait ni sa vie de bête traquée par les chiens du tsar, ni sa mort, en échange de la vie du petit coquin qui vit de sous volés aux travailleurs. Dans son existence, dans la lutte contre les monstres puissants, elle trouve ses plus hautes jouissances. Tout le reste, en dehors de cette lutte, toutes les petites joies du bourgeois et ses petites misères lui semblent si mesquines, si ennuyeuses, si tristes ! — « Vous ne *vivez* pas, vous végétez », répondrait-elle ; — « Moi, j'ai vécu » !

Nous parlons évidemment des actes réfléchis, conscients, de l'homme, en nous réservant de parler plus tard de cette immense série d'actes inconscients, presque machinaux, qui remplissent une part si immense de notre vie. Eh bien ! dans ses actes conscients ou réfléchis, l'homme recherche toujours ce qui lui fait plaisir.

Un tel se soûle et se réduit chaque jour à l'état de brute, parce qu'il cherche dans le vin l'excitation nerveuse qu'il ne trouve pas dans son système nerveux. Tel autre ne se soûle pas, il renonce au vin, lors même qu'il y trouve plaisir, pour conserver la fraîcheur de la pensée et la plénitude de ses forces, afin de pouvoir goûter d'autres plaisirs qu'il préfère à ceux du vin. Mais, que fait-il, sinon agir comme le gourmet qui, après avoir parcouru le menu d'un grand dîner, renonce à un plat qu'il aime cependant, pour se gorger d'un autre plat qu'il lui préfère ?

Quoi qu'il fasse, l'homme recherche toujours un plaisir, ou bien il évite une peine.

Lorsqu'une femme se prive du dernier morceau de pain pour le donner au premier venu, lorsqu'elle ôte sa dernière loque pour en couvrir une autre femme qui a froid, et grelotte elle-même sur le pont du navire, elle le fait parce qu'elle souffrirait infiniment plus de voir un homme qui a faim ou une femme qui a froid, que de grelotter elle-même ou de souffrir elle-même la faim. Elle évite une peine, dont ceux seuls qui l'ont sentie eux-mêmes peuvent apprécier l'intensité.

Quand cet Australien, cité par Guyau, dépérit à l'idée qu'il n'a pas encore vengé la mort de son parent ; quand il s'étiole, rongé par la conscience de sa lâcheté, et ne revient à la vie qu'après avoir accompli l'acte de vengeance, il fait un acte, parfois héroïque, pour se débarrasser d'un sentiment qui l'obsède, pour reconquérir la paix intérieure qui est le suprême plaisir.

Quand une troupe de singes a vu l'un des siens tomber sous la balle du chasseur, et vient assiéger sa tente pour lui réclamer le cadavre, malgré les menaces du fusil ; lorsqu'enfin le

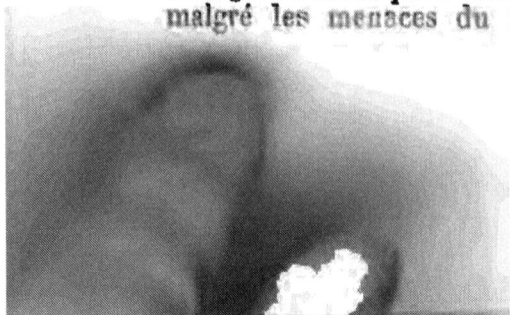

vieux de la bande entre carrément, menace
d'abord le chasseur, le supplie ensuite et le
force enfin par ses lamentations à restituer le
cadavre, et que la troupe l'emporte avec gémis-
sements dans la forêt, les singes obéissent à
un sentiment de condoléance plus fort que toutes
les considérations de sécurité personnelle. Ce
sentiment prime en eux tous les autres. La vie
même perd pour eux ses attraits, tant qu'ils ne
se sont pas assurés qu'ils ne peuvent plus rame-
ner leur camarade à la vie. Ce sentiment devient
si oppressif que les pauvres bêtes risquent tout
pour s'en débarrasser.

Lorsque les fourmis se jettent par milliers
dans les flammes d'une fourmilière que cette
bête méchante, l'homme, a allumée. et périssent
par centaines pour sauver leurs larves, elles
obéissent encore à un besoin, celui de sauver
leur progéniture. Elles risquent tout pour avoir
le plaisir d'emporter ces larves qu'elles ont éle-
vées avec plus de soins que mainte bourgeoise
n'a élevé ses enfants.

Enfin, lorsqu'un infusoire évite un rayon trop
fort de chaleur, et va rechercher un rayon tiède,
ou lorsqu'une plante tourne ses fleurs vers le
soleil, ou referme ses feuilles à l'approche de
la nuit, — ces êtres obéissent encore au besoin
d'éviter la peine et de rechercher le plaisir, —
tout comme la fourmi, le singe, l'Australien, le
martyr chrétien ou le martyr anarchiste.

Rechercher le plaisir, éviter la peine, c'est le fait général (d'autres diraient la *loi*) du monde organique. C'est l'essence même de la vie.

Sans cette recherche de l'agréable, la Vie même serait impossible. L'organisme se désagrègerait, la vie cesserait.

Ainsi, quelle que soit l'action de l'homme, quelle que soit sa ligne de conduite, *il le fait toujours pour obéir à un besoin de sa nature*. L'acte le plus répugnant, comme l'acte indifférent ou le plus attrayant, sont tous également dictés par un besoin de l'individu. En agissant d'une manière ou d'une autre, l'individu agit ainsi, parce qu'il y trouve un plaisir, parce qu'il évite de cette manière ou croit éviter une peine.

Voilà un fait parfaitement établi ; voilà l'essence de ce que l'on a appelé la théorie de l'égoïsme.

Eh bien, sommes-nous plus avancés après être arrivé à cette conclusion générale ?

— Oui, certes, nous le sommes. Nous avons conquis une vérité et détruit un préjugé qui est à la racine de tous les préjugés. Toute la philosophie matérialiste, dans ses rapports avec l'homme, est dans cette conclusion. Mais, s'ensuit-il que tous les actes de l'individu soient indifférents, ainsi qu'on s'est empressé d'en conclure ? — C'est ce que nous allons voir.

III

Nous avons vu que les actions de l'homme
(réfléchies ou conscientes, plus tard nous par-
lerons des habitudes inconscientes) ont toutes
la même origine. Celles que l'on appelle ver-
tueuses et celles que l'on dénomme vicieuses,
les grands dévouements comme les petites es-
croqueries, les actes attrayants aussi bien que
les actes répulsifs dérivent tous de la même
source. Tous sont faits pour répondre à un besoin de la nature de l'individu. Tous ont pour
but la recherche du plaisir, le désir d'éviter
une peine.

Nous l'avons vu dans le chapitre précédent
qui n'est qu'un résumé très succinct d'une
masse de faits qui pourraient être cités à
l'appui.

On comprend que cette explication fasse
pousser les hauts cris à ceux qui sont encore
imbus de principes religieux. Elle ne laisse
pas de place au surnaturel ; elle abandonne
l'idée de l'âme immortelle. Si l'homme n'agit
toujours qu'en obéissant aux besoins de sa nature, s'il n'est, pour ainsi dire, qu'un « auto-
mate conscient » que devient l'âme immortelle ? que devient l'immortalité, — ce dernier
refuge de ceux qui n'ont connu que peu de
plaisirs et trop de souffrances et qui rêvent de
trouver une compensation dans l'autre monde ?

On comprend que, grandis dans les préjugés,

peu confiants dans la Science qui les a si souvent trompés, guidés par le sentiment plutôt
que par la pensée, ils repoussent une explication qui leur ôte le dernier espoir.

———

Mais, que dire de ces révolutionnaires qui,
depuis le siècle passé jusqu'à nos jours, chaque
fois qu'ils entendent pour la première fois une
explication naturelle des actions humaines (la
théorie de l'égoïsme si l'on veut) s'empressent
d'en tirer la même conclusion que le jeune nihiliste dont nous parlions au début et qui
s'empressent de crier : « A bas la morale ! »

Que dire de ceux qui, après s'être persuadé
que l'homme n'agit d'une manière ou d'une
autre que pour répondre à un besoin de sa nature, s'empressent d'en conclure que *tous ses
actes sont indifférents ;* qu'il n'y a plus ni
bien, ni *mal ;* que sauver, au risque de sa vie,
un homme qui se noie, ou le noyer pour s'em-
parer de sa montre, sont deux actes qui se valent ; que le martyr mourant sur l'échafaud
pour avoir travaillé à affranchir l'humanité, et
le petit coquin volant ses camarades, se
valent l'un et l'autre — puisque tous les deux
cherchent à se procurer un plaisir ?

Si encore ils ajoutaient qu'il ne doit y avoir
ni bonne ni mauvaise odeur : ni parfum de la
rose ni puanteur de l'*assa fœtida,* parce que
l'un et l'autre ne sont que des vibrations de
molécules ; qu'il n'y a ni bon ni mauvais goût

parce que l'amertume de la quinine et la dou-
ceur d'une goyave ne sont encore que des vibrations moléculaires ; qu'il n'y a ni beauté ni
laideur physiques, ni intelligence ni imbécilité,
parce que beauté et laideur, intelligence et
imbécilité ne sont encore que des résultats de
vibrations chimiques et physiques s'opérant
dans les cellules de l'organisme ; s'ils ajoutaient
cela, on pourraient encore dire qu'ils radotent,
mais qu'ils ont, au moins, la logique du fou.

Mais, puisqu'ils ne le disent pas, — que pou-
vons-nous en conclure ?

Notre réponse est simple. Mandeville qui
raisonnait de cette façon en 1724 dans la
« Fable des Abeilles », le nihiliste russe des
années 1860-70, tel anarchiste parisien de nos
jours, raisonnent ainsi parce que, sans s'en
rendre compte, ils restent toujours embourbés
dans les préjugés de leur éducation chrétienne.
Si athéistes, si matérialistes ou si anarchistes
qu'ils se croient, ils raisonnent exactement
comme raisonnaient les pères de l'Eglise ou les
fondateurs du bouddisme.

Ces bons vieux nous disaient en effet :
« L'acte sera *bon* s'il représente une victoire de
l'âme sur la chair ; il sera *mauvais* si c'est
la chair qui a pris le dessus sur l'âme ; il sera
indifférent si ce n'est ni l'un ni l'autre. *Il n'y
a que cela pour juger si l'acte est bon ou
mauvais.*» Et nos jeunes amis de répéter après

les pères chrétiens et bouddhistes : « il n'y a que cela pour juger si l'acte est bon ou mauvais ».

Les pères de l'Eglise disaient : « Voyez les bêtes ; elles n'ont pas d'âme immortelle ; leurs actes sont simplement faits pour répondre à des besoins de leur nature ; *c'est pourquoi* il ne peut y avoir chez les bêtes ni bons ni mauvais actes ; tous sont indifférents ; et c'est pourquoi il n'y aura pour les bêtes ni paradis ni enfer — ni récompense ni châtiment ». Et nos jeunes amis — de reprendre le refrain de saint Augustin et de saint Çakyamouni et de dire : « L'homme n'est qu'une bête, ses actes sont simplement faits pour répondre à un besoin de sa nature ; *c'est pourquoi* il ne peut y avoir pour l'homme ni bons ni mauvais actes. Ils sont tous indifférents ».

———

C'est toujours cette maudite idée de punition et de châtiment qui se met en travers de la raison ; c'est toujours cet héritage absurde de l'enseignement religieux professant qu'un acte est bon s'il vient d'une inspiration surnaturelle et indifférent si l'origine surnaturelle lui manque. C'est encore et toujours, chez ceux même qui en rient le plus fort, l'idée de l'ange sur l'épaule droite et du diable sur l'épaule gauche. « Chassez le diable et l'ange et je ne saurai plus vous dire si tel acte est bon ou mauvais, car je ne connais pas d'autre raison pour le juger ».

Le curé est toujours là, avec son diable et son ange et tout le vernis matérialiste ne suffit pas pour le cacher. Et, ce qui est pire encore, le juge avec ses distributions de fouet aux uns et ses récompenses civiques pour les autres, est toujours là, et les principes mêmes de l'Anarchie ne suffisent pas pour déraciner l'idée de punition et de récompense.

———

Eh bien, nous ne voulons ni du curé ni du juge. Et nous disons simplement : « L'*assa fœtida* pue, le serpend me mord, le menteur me trompe? La plante, le reptile et l'homme, tous trois, obéissent à un besoin de la nature ? Soit ! [Eh bien, moi, j'obéis aussi à un besoin de ma nature en haïssant la plante qui pue, la bête qui tue par son vénin et l'homme qui est encore plus venimeux que la bête. Et j'agirai en conséquence, sans m'adresser pour cela ni au diable, que je ne connais d'ailleurs pas, ni au juge que je déteste bien plus encore que le serpent. Moi, et tous ceux qui partagent mes antipathies, nous obéissons aussi à un besoin de notre nature. Et nous verrons lequel des deux a pour lui la raison et, partant, la force ».

C'est ce que nous allons voir, et par cela même nous verrons que si les saint Augustin n'avaient pas d'autre base pour distinguer entre le bien et le mal, le monde animal en a une autre bien plus efficace. Le monde animal en général, depuis l'insecte jusqu'à l'homme, sait

parfaitement ce qui est bien et ce qui est mal.
sans consulter pour cela ni la bible ni la philosophie. Et s'il en est ainsi, la cause en est encore dans les besoins de leur nature : dans la
préservation de la race et, partant, dans la
plus grande somme possible de bonheur pour
chaque individu.

IV

Pour distinguer entre ce qui est *bien* et ce
qui est *mal*, les théologiens mosaïques, bouddhistes, chrétiens et musulmans avaient re-
cours à l'inspiration divine. Ils voyaient que
l'homme, qu'il soit sauvage ou civilisé, illettré
ou savant, pervers ou bon et honnête, sait toujours s'il agit bien ou s'il agit mal, et le sait
surtout, quand il agit mal ; mais, ne trouvant
pas d'explication à ce fait général, ils y ont vu
une inspiration divine. Les philosophes méta-
physiciens nous ont parlé à leur tour de conscience, d'impératif mystique, ce qui d'ailleurs
n'était qu'un changement de mots.

Mais ni les uns ni les autres n'ont su constater ce fait si simple et si frappant que les animaux vivant en sociétés savent aussi distinguer
entre le bien et le mal, tout à fait comme
l'homme. Et, ce qui est plus, que leurs
conceptions sur le bien et le mal sont absolument du même genre que celles de l'homme.
Chez les représentants les mieux développés de
chaque classe séparée — poissons, insectes,

oiseaux, mammifères — elles sont mêmes identiques.

Les penseurs du XVIII° siècle l'avaient bien remarqué, mais on l'a oublié depuis, et c'est à nous qu'il revient maintenant de faire ressortir toute l'importance de ce fait.

Forel, cet observateur inimitable des fourmis, a démontré par une masse d'observations et de faits, que lorsqu'une fourmi, qui a bien rempli de miel son jabot, rencontre d'autres fourmis au ventre vide, celles-ci lui demandent immédiatement à manger. Et parmi ces petits insectes, c'est un devoir pour la fourmi rassasiée de dégorger le miel, afin que les amis qui ont faim puissent s'en rassasier à leur tour. Demandez aux fourmis s'il serait bien de refuser la nourriture aux autres fourmis de la même fourmilière quand on a eu sa part? Elles vous répondront, par des actes qu'il est impossible de ne pas comprendre, que ce serait très mal. Une fourmi aussi égoïste serait traitée plus durement que des ennemis d'une autre espèce. Si cela arrivait pendant un combat entre deux espèces différentes, on abandonnerait la lutte pour s'acharner contre cette égoïste. Ce fait est démontré par des expériences qui ne laissent aucun doute.

Ou bien, demandez aux moineaux qui habitent votre jardin s'il est bien de ne pas avertir toute la petite société dès que vous avez jeté quelques miettes de pain dans le jardin. afin que tous puissent participer au repas? Demandez leur si tel friquet a bien agi en volant au nid de son voisin les brins de paille que celui-ci avait ramassés et que le pillard ne veut pas se donner la peine de ramasser lui-même. Et les moineaux vous répondront que c'est très mal, en se jetant tous sur le voleur et en le poursuivant à coups de bec.

Demandez encore aux marmottes si c'est bien de refuser l'accès de son magasin souterrain aux autres marmottes de la même colonie ? et elles vous répondront que c'est très mal, en faisant toute sorte de chicanes à l'avare.

Demandez enfin à l'homme primitif, au Tchoukchte, par exemple, si c'est bien de prendre à manger dans la tente d'un des membres de la tribu en son absence. Et il vous répondra que si l'homme pouvait lui-même se procurer sa nourriture, c'eût été très mal. Mais s'il était fatigué, ou dans le besoin, il devait prendre la nourriture là où il la trouvait ; mais que dans ce cas il eût bien fait de laisser son bonnet ou son couteau, ou bien même un bout de ficelle avec un nœud, afin que le chasseur absent puisse savoir en rentrant qu'il a eu la visite d'un ami et non d'un maraudeur. Cette précaution lui eût évité les soucis que lui donnerait la présence possible d'un maraudeur aux environs de sa tente.

Des milliers de faits semblables pourraient

être cités ; des livres entiers pourraient être écrits pour montrer combien les conceptions du bien et du mal sont identiques chez l'homme et chez les animaux.

La fourmi, l'oiseau, la marmotte et le Tchouktche sauvage n'ont lu ni Kant ni les Saints Pères, ni même Moïse. Et cependant, tous ont la même idée du bien et du mal. Et si vous réfléchissez un moment sur ce qu'il y a au fond de cette idée, vous verrez sur le champ que ce qui est réputé *bon* chez les fourmis, les marmottes et les moralistes chrétiens ou athées, c'est ce qui est *utile* pour la préservation de la race — et ce qui est réputé *mauvais*, c'est ce qui lui est *nuisible*. Non pas pour l'individu, comme disaient Bentham et Mill, mais bel et bien pour la race entière.

L'idée du bien et du mal n'a ainsi rien à voir avec la religion ou la conscience mystérieuse ; c'est un besoin naturel de races animales. Et quand les foudateurs des religions, les philosophes et les moralistes nous parlent d'entités divines ou métaphysiques ils ne font que ressasser ce que chaque fourmi, chaque moineau pratiquent dans leurs petites sociétés :

Est-ce utile à la société? Alors c'est *bon*. — Est-ce *nuisible*, alors c'est *mauvais*.

Cette idée peut être très rétrécie chez les animaux inférieurs, ou bien elle s'élargit chez les animaux les plus avancés; mais son essence reste toujours la même.

Chez les fourmis elle ne sort pas de la fourmilière. Toutes les coutumes sociables, toutes les règles de bienséance ne sont applicables qu'aux individus de la même fourmilière. Il faut dégorger la nourriture aux membres de la fourmilière —jamais aux autres. Une fourmilière ne fera pas une seule famille avec une autre fourmilière, à moins de circonstances exceptionnelles, telles que la détresse commune à toutes les deux. De même les moineaux du Luxembourg, tout en se supportant mutuellement d'une manière frappante, feront une guerre acharnée à un moineau du square Monge qui oserait s'aventurer au Luxembourg. Et le Tchouktche considérera un Tchouktche d'une autre tribu comme un personnage auquel les usages de la tribu ne s'appliquent pas. Il est même permis de lui vendre (vendre, c'est toujours plus ou moins voler l'acheteur : sur les deux, il y en a toujours un de dupé), tandis que ce serait un crime de vendre aux membres de sa tribu : à ceux-ci on *donne* sans jamais compter. Et l'homme civilisé, comprenant enfin les rapports intimes, quoiqu'imperceptibles au premier coup d'œil, entre lui et le dernier des Papoua, étendra ses principes de solidarité sur toute l'espèce humaine et même sur les animaux. L'idée s'élargit, mais le fond reste toujours le même.

D'autre part, la conception du bien ou du mal varie selon le degré d'intelligence ou de connaissance acquises. Elle n'a rien d'immuable.

L'homme primitif pouvait trouver très *bon*, c'est-à-dire très utile à la race, de manger ses vieux parents quand ils devenaient une charge (très lourde au fond), pour la communauté. Il pouvait aussi trouver bon, — c'est-à-dire, toujours utile pour la communauté, — de tuer ses enfants nouveaux-nés et de n'en garder que deux ou trois par famille afin que la mère pût les allaiter jusqu'à l'âge de trois ans et leur prodiguer sa tendresse.

Aujourd'hui, les idées ont changé ; mais les moyens de subsistance ne sont plus ce qu'ils étaient dans l'âge de pierre. L'homme civilisé n'est pas dans la position de la famille sauvage qui avait à choisir entre deux maux : ou bien manger les vieux parents, ou bien, se nourrir tous insuffisamment et bientôt se trouver réduits à ne plus pouvoir nourrir ni les vieux parents ni la jeune famille. Il faut bien se transporter dans ces âges que nous pouvons à peine évoquer dans notre esprit, pour comprendre que dans les circonstances d'alors, l'homme demi-sauvage pouvait raisonner assez juste. Ne voyons-nous pas, en effet, les populations de l'Océanie en proie aux ravages du scorbut depuis que les missionnaires

les ont amenées à ne plus manger leurs vieux
parents et leurs ennemis * ?

Les raisonnements peuvent changer. L'ap-
préciation de ce qui est utile ou nuisible à la
race change, mais le fond reste immuable.
Et si on voulait mettre toute cette philosophie du règne animal en une seule phrase,
on verrait que fourmis, oiseaux, marmottes et
hommes sont d'accord sur un point.

Les chrétiens disaient : « *Ne fais pas* aux
autres ce que tu ne veux pas qu'on te fasse à
toi ». Et ils ajoutaient : « Sinon, tu seras ex-
pédié dans l'enfer ! »

La moralité qui se dégage de l'observation
de tout l'ensemble du règne animal, supé-
rieure de beaucoup à la précédente, peut se ré-
sumer ainsi : « *Fais* aux autres ce que tu vou-
drais qu'ils te fassent dans les mêmes circonstances ».

Et elle ajoute :

« Remarque bien que ce n'est qu'un *conseil;*
mais ce conseil est le fruit d'une longue
expérience de la vie des animaux en sociétés
et chez l'immense masse des animaux vivant en
sociétés, l'homme y compris, agir selon ce
principe a passé à l'état *d'habitude.* Sans
cela, d'ailleurs, aucune société ne pourrait

---

* C'est Miklukho-Maclay qui l'a constaté et on sait que
ses observations méritent confiance.

exister, aucune race ne pourrait vaincre les obstacles naturels contre lesquels elle a à lutter ».

———

Ce principe si simple est-il bien ce qui se dégage de l'observation des animaux sociables et des sociétés humaines ? Est-il applicable ? Et comment ce principe passe-t-il à l'état d'habitude et se développe toujours ? C'est ce que nous allons voir maintenant.

V

L'idée du bien et du mal existe dans l'humanité. L'homme, quelque degré de développement intellectuel qu'il ait atteint, quelqu'obscurcies que soient ses idées par les préjugés et l'intérêt personnel, considère généralement comme *bon ce qui est utile à la société dans laquelle il vit*, et comme mauvais ce qui lui est nuisible.

Mais d'où vient cette conception, très souvent si vague qu'à peine pourrait-on la distinguer d'un sentiment ? Voilà des millions et des millions d'êtres humains qui jamais n'ont réfléchi à l'espèce humaine. Ils n'en connaissent, pour la plupart, que le clan, ou la famille, rarement la nation, — et encore plus rarement l'humanité — comment se peut-il qu'ils puissent considérer comme bon ce qui est utile à l'espèce humaine, ou même arriver à un sentiment de solidarité avec leur clan, malgré tous leurs instincts étroitement égoïstes ?

Ce fait a beaucoup occupé les penseurs de tout temps. Il continue de les occuper, et il ne se passe pas d'année que des bibliothèques entières ne soient écrites sur ce sujet. A notre tour nous allons donner notre vue des choses ; mais relevons en passant que si *l'explication* du fait peut varier, il n'en reste pas moins incontestable ; et lors même que notre explication ne serait pas encore la vraie, ou qu'elle ne serait pas complète, le fait, avec ses conséquences pour l'homme, resterait toujours. Nous pouvons ne pas nous expliquer entièrement l'origine des planètes qui roulent autour du soleil — les planètes rouleront néanmoins, et l'une nous emporte avec elle dans l'espace.

———

Nous avons déjà parlé de l'explication religieuse. Si l'homme distingue entre le bien et le mal, disent les hommes religieux, c'est que Dieu lui a inspiré cette idée. Utile ou nuisible, il n'a pas à discuter : il n'a qu'à obéir à l'idée de son créateur. Ne nous arrêtons pas à cette explication — fruit des terreurs et de l'ignorance du sauvage. Passons.

D'autres (comme Hobbes) ont cherché à l'expliquer par la *loi*. Ce serait la *loi* qui aurait développé chez l'homme le sentiment du *juste* et de *l'injuste*, du *bien* et du *mal*. Nos lec-

teurs apprécièront eux-mêmes cette explication.
Ils savent que la Loi a simplement utilisé les
sentiments sociaux de l'homme pour lui
glisser, avec des préceptes de morale qu'il ac-
ceptait, des ordres utiles à la minorité des
exploiteurs, contre lesquels il se rebiffait. Elle
a perverti le sentiment de justice au lieu de le
développer. Donc, passons encore.

Ne nous arrêtons pas non plus à l'explication
des utilitaires. Ils veulent que l'homme agisse
moralement par intérêt personnel, et ils ou-
blient ses sentiments de solidarité avec la race
entière qui existent, quelle que soit leur origine. Il y a déjà un peu de vrai dans leur explication. Mais ce n'est pas encore la vérité
entière. Aussi, allons plus loin.

———

C'est encore, et toujours, aux penseurs du
xviiie siècle qu'il appartient d'avoir deviné, en
partie du moins, l'origine du sentiment moral.

Dans un livre superbe, autour duquel la prêtraille a fait le silence et qui est en effet peu
connu de la plupart des penseurs, même anti-re-
ligieux, Adam Smith a mis le doigt sur la vraie
origine du sentiment moral. Il ne va pas le
chercher dans des sentiments religieux ou
mystiques, — il le trouve dans le simple sentiment de sympathie.

Vous voyez qu'un homme bat un enfant.

Vous savez que l'enfant battu souffre. Votre imagination vous fait ressentir vous-même le mal qu'on lui inflige; ou bien, ses pleurs, sa petite face souffrante vous le disent. Et, si vous n'êtes pas un lâche, vous vous jetez sur l'homme qui bat l'enfant, vous l'arrachez à la brute.

Cet exemple, à lui seul, explique presque tous les sentiments moraux. Plus votre imagination est puissante, mieux vous pourrez vous imaginer ce que sent un être que l'on fait souffrir; et, plus intense, plus délicat sera votre sentiment moral. Plus vous êtes entraîné à vous substituer à cet autre individu, et plus vous ressentirez le mal qu'on lui fait, l'injure qui lui a été adressée, l'injustice dont il a été victime — et plus vous serez poussé à agir pour empêcher le mal, l'injure ou l'injustice. Et, plus vous serez habitué, par les circonstances, par ceux qui vous entourent, ou par l'intensité de votre propre pensée et de votre propre imagination, à *agir* dans le sens où votre pensée et votre imagination vous poussent — plus ce sentiment moral grandira en vous, plus il deviendra *habitude*.

C'est là ce qu'Adam Smith développe avec un luxe d'exemples. Il était jeune lorsqu'il écrivit ce livre, infiniment supérieur à son œuvre sénile, « l'Economie Politique ». Libre de tout préjugé religieux, il chercha l'explication morale dans un fait physique de la nature

humaine, et c'est pourquoi pendant un siècle
la prêtraille en soutane ou sans soutane a mis
ce livre à l'index. ____

La seule faute d'Adam Smith, est de n'avoir
pas compris que ce même sentiment de sympathie, passé à l'état d'habitude, existe chez les
animaux tout aussi bien que chez l'homme.

N'en déplaise aux vulgarisateurs de Darwin,
ignorant chez lui tout ce qu'il n'avait pas
emprunté à Malthus, le sentiment de solidarité
est le trait prédominant de la vie de tous les
animaux qui vivent en sociétés. L'aigle dévore
le moineau, le loup dévore les marmottes,
mais les aigles et les loups s'aident entre
eux pour chasser, et les moineaux et les marmottes se solidarisent si bien contre les animaux de proie que les maladroits seuls se
laissent pincer. En toute société animale, la solidarité est une loi de la nature, infiniment
plus importante que cette lutte pour l'existence
dont les bourgeois nous chantent la vertu
sur tous les refrains, afin de mieux nous
abrutir.

Quand nous étudions le monde animal et
que nous cherchons à nous rendre compte de la
lutte pour l'existence soutenue par chaque
être vivant contre les circonstances adverses
et contre ses ennemis, nous constatons que
plus le principe de solidarité égalitaire est
développé dans une société animale et passé à

l'état d'habitude, — plus elle a de chances de survivre et de sortir triomphante de la lutte contre les intempéries et contre ses ennemis. Mieux chaque membre de la société sent sa solidarité avec chaque autre membre de la société — mieux se développent, en eux tous, ces deux qualités qui sont les facteurs principaux de la victoire et de tout progrès — le courage d'une part, et d'autre part la libre initiative de l'individu. Et plus, au contraire, telle société animale, ou tel petit groupe d'animaux, perd ce sentiment de solidarité, (ce qui arrive à la suite d'une misère exceptionnelle, ou bien à la suite d'une abondance exceptionnelle de nourriture), plus les deux autres facteurs du progrès — le courage et l'initiative individuelle — diminuent; ils finissent par disparaître, et la société, tombée en décadence, succombe devant ses ennemis. Sans confiance mutuelle, point de lutte possible; point de courage, point d'initiative, point de solidarité — et point de victoire! C'est la défaite assurée.

Nous reviendrons un jour sur ce sujet et nous pourrons démontrer avec luxe de preuves, comment, dans le monde animal et humain, la loi de l'appui mutuel est la loi du progrès, et comment l'appui mutuel, ainsi que le courage et l'initiative individuelle qui en découlent, assurent la victoire à l'espèce qui sait mieux les pratiquer. Pour le moment, il nous suffira de constater ce fait. Le lecteur comprendra lui-même toute son importance pour la question qui nous occupe.

Que l'on s'imagine maintenant ce sentiment de solidarité agissant à travers les millions d'âges qui se sont succédés depuis que les premières ébauches d'animaux ont apparu sur le globe. Que l'on s'imagine comment ce sentiment peu à peu devenait habitude et se transmettait par l'hérédité, depuis l'organisme microscopique le plus simple jusqu'à ses descendants, — les insectes, les oiseaux, les reptiles, les mammifères et l'homme, — et l'on comprendra l'origine du sentiment moral qui est une *nécessité* pour l'animal, comme la nourriture ou l'organe destiné à la digérer.

Voilà, sans remonter encore plus haut (car ici il nous faudrait parler des animaux compliqués, issus de *colonies* de petits êtres extrêmement simples) l'origine du sentiment moral. Nous avons dû être extrêmement court pour faire rentrer cette grande question dans l'espace de quelques petites pages, mais cela suffit déjà pour voir qu'il n'y a rien de mystique ni de sentimental. Sans cette solidarité de l'individu avec l'espèce, le règne animal ne se serait jamais développé ni perfectionné. L'être le plus avancé sur la terre serait encore un de ces petits grumeaux qui nagent dans les eaux et qui s'aperçoivent à peine au microscope.

Existerait-il même, car les premières agréga-
tions de cellules ne sont elles pas déjà un fait
d'association dans la lutte ?

VI

Ainsi nous voyons qu'en observant les sociétés animales — non pas en bourgeois inté-
ressé mais en simple observateur intelligent —
on arrive à constater que ce principe : « Traite
les autres comme tu aimerais à être traité par
eux dans des circonstances analogues » se retrouve partout où il y a société.

Et quand on étudie de plus près le développement ou l'évolution du monde animal,
on découvre (avec le zoologiste Kessler et
l'économiste Tchernychevsky) que ce principe,
traduit par un seul mot, Solidarité, a eu, dans
le développement du règne animal une part
infiniment plus grande que toutes les adap-
tations pouvant résulter d'une lutte entre individus pour l'acquisition d'avantages person-
nels.

Il est évident que la pratique de la solidarité se rencontre encore plus dans les sociétés
humaines. Déjà les sociétés des singes les plus
élevés dans l'échelle animale nous offrent une
pratique de la solidarité des plus frappantes.
L'homme fait encore un pas dans cette voie,
et cela seul lui permet de préserver sa race
chétive au milieu des obstacles que lui oppose

la nature et de développer son intelligence.

Quand on étudie les sociétés de primitifs, restés jusqu'à présent au niveau de l'âge de pierre, on voit dans leurs petites communautés la solidarité pratiquée au plus haut degré envers tous les membres de la communauté.

Voilà pourquoi ce sentiment, cette pratique de la solidarité, ne cessent jamais, pas même aux époques les plus mauvaises de l'histoire. Lors même que des circonstances temporaires de domination , de servitude, d'exploitation font méconnaître ce principe, il reste toujours dans la pensée du grand nombre, si bien qu'il amène une poussée contre les mauvaises institutions, une révolution. Cela se comprend : sans cela, la société devrait périr.

Pour l'immense majorité des animaux et des hommes ce sentiment reste, et doit rester, à l'état d'habitude acquise, de principe toujours présent à l'esprit, alors même qu'on le méconnaisse souvent dans les actes.

C'est toute l'évolution du règne animal qui parle en nous. Et elle est longue, très longue: elle compte des centaines de millions d'années.

Lors même que nous voudrions nous en débarasser, nous le pourrions pas. Il serait plus facile à l'homme de s'habituer à marcher sur ses quatre pattes que de se débarasser du sentiment moral. Il est antérieur, dans l'évolution animale, à la posture droite de l'homme.

Le sens moral est en nous une faculté naturelle, tout comme le sens de l'odorat et le sens du toucher.

Quant à la Loi et à la Religion qui, *elles aussi*, ont prêché ce principe, nous savons qu'elles l'ont simplement escamoté pour en couvrir leur marchandise —leurs prescriptions à l'avantage du conquérant, de l'exploiteur et du prêtre. Sans ce principe de solidarité dont la justesse est généralement reconnue, — comment auraient-elles en la prise sur les esprits? Elles s'en couvraient l'une et l'autre, tout comme l'autorité qui, elle aussi, réussit à s'imposer en posant pour protectrice des faibles contre les forts.

En jetant par dessus bord la Loi, la Religion et l'Autorité, l'humanité reprend possession du principe moral qu'elle s'était laissé enlever, afin de le soumettre à la critique et de le purger des adultérations dont le prêtre, le juge et gouvernant l'avaient empoisonné et l'empoisonnent encore.

Mais — nier le principe moral *parce que* l'Eglise et la Loi l'ont exploité, serait aussi peu raisonnable que de déclarer qu'on ne se lavera jamais, qu'on mangera du porc infesté de trichines et qu'on ne voudra pas de la pos-

session communale du sol, *parce que* le Coran prescrit de se laver chaque jour, *parce
que* l'hygiéniste Moïse défendait aux Hébreux
de manger le porc, ou *parce que* le Chariat (le
supplément du Coran) veut que toute terre
restée inculte pendant trois ans retourne à la
communauté.

———

D'ailleurs, ce principe de traiter les autres
comme on veut être traité soi-même, — qu'est-
il, sinon le principe même de l'Egalité, le principe fondamental de l'Anarchie ? Et comment
peut-on seulement arriver à se croire anarchiste
sans le mettre en pratique ?

Nous ne voulons pas être gouvernés. Mais,
par cela même, ne déclarons-nous pas que nous
ne voulons gouverner personne ? Nous ne voulons pas être trompés, nous voulons qu'on nous
dise toujours rien que la vérité. Mais, par cela
même, ne déclarons-nous pas que nous-mêmes
ne voulons tromper personne, que nous nous
engageons à dire toujours la vérité, rien que la
vérité, toute la vérité ? Nous ne voulons pas
qu'on nous vole les fruits de notre labeur ; mais
par cela même, ne déclarons-nous pas respecter les fruits du labeur d'autrui ?

De quel droit, en effet, demanderions-nous
qu'on nous traitât d'une certaine façon, en
nous réservant de traiter les autres d'une façon
tout à fait différente ? Serions-nous, par hasard,

cet « os blanc » des Kirghizes qui peut traiter
les autres comme bon lui semble ? Notre simple
sentiment d'Egalité se révolte à cette idée.

L'Egalité dans les rapports mutuels et la solidarité qui en résulte, — voilà l'arme la plus
puissante du monde animal dans la lutte pour
l'existence, et l'Egalité c'est l'Equité.

En nous déclarant anarchistes, nous procla-
mons d'avance que nous renonçons à traiter
les autres comme nous ne voudrions pas être
traités par eux ; que nous ne tolérerons plus
l'inégalité qui permettrait à quelques-uns d'entre nous d'exercer leur force, ou leur ruse, ou
leur habileté, d'une façon qui nous déplairait à
nous-mêmes. Mais l'Egalité en tout — synony-
me d'Equité — c'est l'Anarchie même. Au diable
l'os blanc qui s'arroge le droit de tromper la
simplicité des autres ! Nous n'en voulons pas,
et nous le supprimerons au besoin. Ce n'est
pas seulement à cette trinité abstraite de Loi,
de Religion et d'Autorité que nous déclarons
la guerre. En devenant anarchistes, nous déclarons guerre à tout ce flot de tromperie, de
ruse, d'exploitation, de dépravation, de vice —
d'inégalité en un mot — qu'elles ont déversé
dans les cœurs de nous tous. Nous déclarons
guerre à *leur* manière d'agir, à *leur* manière
de penser. Le gouverné, le trompé, l'exploité,
la prostituée, et ainsi de suite, blessent avant
tout nos sentiments d'égalité. C'est au nom de
l'Egalité que nous ne voulons plus ni prosti-

tuées, ni exploités, ni trompés, ni gouvernés.

———

On nous dira, peut-être, on l'a dit quelquefois : — « Mais si vous pensez qu'il faille toujours traiter les autres comme vous voudriez
être traité vous-même, — de quel droit use-
rez-vous de la force dans n'importe quelle
circonstance ? De quel droit braquer des ca-
nons contre des barbares, ou des civilisés, qui
envahissent votre pays ? De quel droit dépossé-
der l'exploiteur ? De quel droit tuer, non-seu-
lement un tyran, mais une simple vipère ? »

De quel droit ? Qu'entendez-vous par ce mot
baroque, emprunté à la Loi ? Voulez-vous savoir si j'aurai conscience de bien agir en faisant cela ? Si ceux que j'estime trouveront
que j'ai bien fait ? Est-ce cela que vous demandez ? En ce cas, notre réponse est simple.

Certainement oui ! Parce que nous demandons qu'on nous tue, nous, comme des bêtes
venimeuses, si nous allons faire invasion au
Tonkin ou chez des Zoulous qui ne nous ont jamais fait aucun mal. Nous disons à nos fils, à
nos amis : « Tue moi si je me mets jamais du
parti de l'invasion ! »

Certainement, oui ! Parce que nous demandons qu'on nous dépossède, nous, si un jour,
mentant à nos principes, nous nous emparons
d'un héritage, — serait-il tombé du ciel, —
pour l'employer à l'exploitation des autres.

Certainement, oui Parce que tout homme
de cœur demande à l'avance qu'on le tue si jamais il devient vipère, qu'on lui plonge le poignard dans le cœur si jamais il prend la place
d'un tyran détrôné.

———

Sur cent hommes ayant femme et enfants il
y en aura quatre-vingt-dix qui, sentant l'approche de la folie (la perte du contrôle cérébral sur leurs actions), chercheront à se suicider de peur de faire du mal à ceux qu'ils
aiment. Chaque fois qu'un homme de cœur se
sent devenir dangereux à ceux qu'il aime, il
veut mourir avant de l'être devenu.

Un jour, à Irkoutsk, un docteur polonais et
un photographe sont mordus par un petit chien
enragé. Le photographe se brûle la plaie au
fer rouge, le médecin se borne à la cautériser.
Il etait jeune, beau, débordant de vie. Il venait
de sortir du bagne auquel le gouvernement
l'avait condamné pour son dévouement à la
cause du peuple. Fort de son savoir et surtout
de son intelligence, il faisait des cures merveilleuses ; les malades l'adoraient.

Six semaines plus tard, il s'aperçoit que le
bras mordu commence à enfler. Docteur luimême, il ne pouvait s'y méprendre : c'était la
rage qui venait. Il court chez un ami, docteur
et exilé comme lui. — « Vite! je t'en prie de
la strychnine. Tu vois ce bras, tu sais ce que

c'est ? Dans une heure, ou moins, je serai pris de rage, je chercherai à te mordre, toi et les amis, ne perd pas de temps! de la strychnine : il faut mourir ».

Il se sentait devenir vipère : il demandait qu'on le tuât.

L'ami hésita; il voulut essayer un traitement anti-rabique. A deux, avec une femme courageuse, ils se mirent à le soigner..... et deux heures après le docteur, écumant, se jetait sur eux, cherchant à les mordre ; puis il revenait à soi, réclamait la strychnine — et rageait de nouveau. Il mourut en d'affreuses convulsions.

Que de faits semblables ne pourrions-nous pas citer, basés sur notre expérience ! L'homme de cœur préfère mourir que de devenir la cause de maux pour les autres. Et c'est pourquoi il aura conscience de bien faire, et l'approbation de ceux qu'il estime le suivra, quand il tuera la vipère ou le tyran.

———

Pérovskaya et ses amis ont tué le tsar russe. Et l'Humanité entière, malgré sa répugnance du sang versé, malgré ses sympathies pour un qui avait laissé libérer les serfs, leur a reconnu ce droit. — Pourquoi ? Non pas qu'elle ait reconnu l'acte *utile* : les trois quarts en doutent encore ; mais parce qu'elle a senti que pour tout l'or du monde, Perovskaya et ses amis n'auraient pas consenti à devenir tyrans à leur tour. Ceux mêmes qui ignorent le drame en entier, sont assurés néanmoins que ce n'était pas là une bravade de jeunes gens, un crime de palais, ni la recherche du pouvoir ; c'était la haine de la tyrannie jusqu'au mépris de soi-même, jusqu'à la mort.

« Ceux-là — s'est-on dit — avaient conquis le droit de tuer », comme on s'est dit de Louise Michel : « *Elle* avait le droit de piller », ou encore : « Eux, ils avaient le droit de voler », en parlant de ces terroristes qui vivaient de pain sec et qui volaient un million ou deux au trésor de Kichineff en prenant, au risque de périr eux-mêmes , toutes les précautions possibles pour dégager la responsabilité de la sentinelle qui gardait la caisse , baïonnette au canon.

———

Ce droit d'user de la force, l'humanité ne le refuse jamais à ceux qui l'ont conquis, — que ce droit soit usé sur les barricades ou dans l'ombre d'un carrefour. Mais, pour que tel acte produise une impression profonde sur les esprits, il faut *conquérir ce droit*. Sans cela, l'acte — utile ou non — resterait un simple fait brutal sans importance pour le progrès des idées. On n'y verrait qu'un déplacement de force, une simple substitution d'exploiteur à un autre exploiteur.

VII

Jusqu'à présent nous avons toujours parlé des actions conscientes, réfléchies, de l'homme, (de celles que nous faisons en nous en rendant compte). Mais à côté de la vie consciente, nous avons la vie inconsciente, infiniment plus vaste et trop ignorée autrefois. Cependant, il suffit d'observer la manière dont nous nous habillons le matin, en nous efforçant de boutonner un bouton que nous savons avoir perdu la veille, ou portant la main pour saisir un objet que nous avons déplacé, nous-mêmes, pour avoir une idée de cette vie inconsciente et concevoir la part immense qu'elle joue dans notre existence.

Les trois-quarts de nos rapports avec les autres sont faits de cette vie inconsciente. Notre manière de parler, de sourire ou de froncer les sourcils, de nous emporter dans la discussion ou de rester calme et ainsi de suite, — tout cela nous le faisons sans nous en rendre compte, par simple habitude, soit héritée de nos ancêtres humains ou pré-humains (voyez seulement la ressemblance de l'expression de l'homme et de l'animal quand l'un et l'autre se fâchent), ou bien acquise, consciemment ou inconsciemment.

Notre manière d'agir envers les autres passe ainsi à l'état d'habitude. Et l'homme qui aura acquis le plus d'*habitudes morales*, sera certainement supérieur à ce bon chrétien qui prétend être toujours poussé par le diable à faire le mal et qui ne peut s'en empêcher qu'en évoquant les souffrances de l'enfer ou les joies du paradis.

Traiter les autres comme il aimerait à être traité lui-même, passe chez l'homme et chez tous les animaux sociables à l'état de simple *habitude*; si bien que généralement l'homme ne se demande même pas comment il doit agir dans telle circonstance. Il agit bien ou mal, sans réfléchir. Et ce n'est que dans des circonstances exceptionnelles, en présence d'un cas complexe ou sous l'impulsion d'une passion ardente, qu'il hésite et que les diverses parties de son cerveau (un organe très complexe, dont les parties diverses fonctionnent avec une certaine indépendance) entrent en lutte. Alors, il se substitue en imagination à la personne qui est en face de lui; il se demande s'il lui plairait d'être traité de la même manière, et sa décision sera d'autant plus morale qu'il se sera mieux identifié à la personne dont il était sur le point de blesser la dignité ou les intérêts. Ou bien, un ami interviendra et lui dira : « Imagine-toi à sa place; est-ce que tu aurais souffert d'être traité par lui, comme tu viens de le traiter ? » Et cela suffit.

Ainsi l'appel au principe d'égalité ne se fait qu'en un moment d'hésitation, tandis que

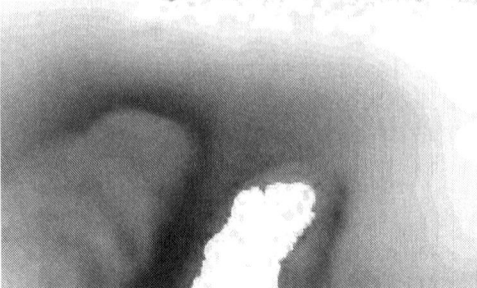

dans 99 cas sur 100 nous agissons moralement
par simple habitude.

———

On aura certainement remarqué que dans
tout ce que nous avons dit jusqu'à présent
nous n'avons rien cherché à *imposer*. Nous
avons simplement *exposé* comment les choses
se passent dans le monde animal et parmi les
hommes.

L'Eglise menaçait autrefois les hommes de
l'enfer, pour moraliser, et on sait comment elle
y a réussi : elle les démoralisait. Le juge menace du carcan, du fouet, du gibet, toujours
au nom de ces mêmes principes de sociabilité
qu'il a escamotés à la société ; et il la démo-
ralise. Et les autoritaires de toute nuance crient
encore au péril social à l'idée que le juge
peut disparaître de la terre en même temps
que le prêtre.

Eh bien, nous ne craignons pas de renoncer
au juge et à la condamnation. Nous renonçons même, avec Guyau, à toute espèce de
sanction, à toute espèce d'obligation de la morale. Nous ne craignons pas de dire : « Fais
ce que tu veux, fais comme tu veux », — parce
que nous sommes persuadés que l'immense
masse des hommes, à mesure qu'ils seront de
plus en plus éclairés et se débarrasseront des
entraves actuelles, fera et agira toujours dans
une certaine direction utile à la société, tout

comme nous sommes persuadés d'avance que l'enfant marchera un jour sur ses deux pieds et non sur ses quatre pattes, simplement parce qu'il est né de parents appartenant à l'espèce Homme.

Tout ce que nous pouvons faire, c'est de donner un *conseil ;* et encore, tout en le donnant, nous ajoutons : — « Ce conseil n'aura de valeur que si tu reconnais toi-même par l'expérience et l'observation qu'il est bon à suivre ».

Quand nous voyons un jeune homme courber le dos et se resserrer ainsi la poitrine et les poumons, nous lui conseillons de se redresser et de tenir la tête haute et la poitrine grandement ouverte. Nous lui conseillons d'avaler l'air à pleins poumons, de les élargir, parce que en cela il trouvera la meilleure garantie contre la phthisie. Mais en même temps, nous lui enseignons la physiologie, afin qu'il connaisse les fonctions des poumons et choisisse lui-même la posture qu'il saura être la meilleure.

C'est aussi tout ce que nous pouvons faire en fait de morale. Nous n'avons que le droit de donner un conseil, auquel nous devons encore ajouter : « Suis-le, *si* tu le trouves bon ».

———

Mais en laissant à chacun le droit d'agir comme bon lui semble ; en niant absolument à la société le droit de punir qui que ce soit

et de quelque façon que ce soit, pour quelqu'acte anti-social qu'il ait commis, — nous ne
renonçons pas à notre capacité d'aimer ce qui
nous semble bon, et de haïr ce qui nous semble
mauvais. Aimer — et haïr ; par il n'y a que
ceux qui savent haïr qui sachent aimer. Nous
nous réservons cela, et puisque cela seul suffit
à chaque société animale pour maintenir et
développer les sentiments moraux, cela suffira d autant plus à l'espèce humaine.

Nous ne demandons qu'une chose, c'est à
éliminer tout ce qui dans la société actuelle
empêche le libre développement de cés deux
sentiments, tout ce qui fausse notre jugement :
l'Etat, l'Eglise, l'Exploitation ; le juge, le prêtre,
le gouvernement, l'exploiteur.

Aujourd'hui, quand nous voyons un Jacques-
l'Eventreur égorger à la file dix femmes des
plus pauvres, des plus misérables — et moralement supérieures aux trois-quarts des riches
bourgeoises — notre premier sentiment est
celui de haine. Si nous le rencontrions le jour
où il a égorgé cette femme qui voulait se faire
payer par lui les six sous de son taudis, nous
lui aurions logé une balle sous le crâne, sans
réfléchir que la balle eût été mieux à sa place
dans le crâne du propriétaire du taudis.

Mais quand nous nous ressouvenons de toutes
les infamies qui l'ont amené, lui, à ces meur-
tres ; quand nous pensons à ces ténèbres dans
lesquelles il rôde, hanté par des images pui-

sées dans des livres immondes ou par des pensées soufflées par des livres stupides, — notre
sentiment se dédouble. Et le jour, où nous
saurons Jacques, entre les mains d'un juge
qui, lui, a froidement massacré cent fois plus
de vies humaines, d'hommes, de femmes et
d'enfants, que tous les Jacques ; quand nous le
saurons entre les mains de ces maniaques à
froid, ou de ces gens qui envoient un Borras
au bagne pour démontrer aux bourgeois qu'ils
montent la garde autour d'eux — alors toute
notre haine contre Jacques l'Eventreur disparaîtra. Elle se portera ailleurs. Elle se trans-
forme en haine contre la société lâche et hypocrite , contre ses représentants reconnus
Toutes les infamies d'un éventreur disparaissent devant cette série séculaire d'infamies
commises au nom de la Loi. C'est elle que
nous haïssons.

Aujourd'hui, notre sentiment se dédouble
continuellement. Nous sentons que nous tous,
nous sommes plus ou moins volontairement
ou involontairement, les suppôts de cette société. Nous n'osons plus haïr. Osons-nous seulement aimer ? Dans une société basée sur l'exploitation et la servitude, la nature humaine
se dégrade.

Mais, à mesure que la servitude disparaîtra,
us rentrerons dans nos droits. Nous nous sen-

tirons la force de haïr et d'aimer, même dans des cas aussi compliqués que celui que nous venons de citer.

———

Quant à notre vie de tous les jours, nous donnons déjà libre cours à nos sentiments de sympathie ou d'antipathie; nous le faisons déjà à chaque instant. Tous nous aimons la la force morale et tous nous méprisons la faiblesse morale, la lâcheté. A chaque instant nos paroles, nos regards, nos sourires, expriment notre joie à la vue des actes utiles à la race humaine, de ceux que nous considérons comme bons. A chaque instant nous manifestons par nos regards et nos paroles la répugnance que nous inspirent la lâcheté, la tromperie, l'intrigue, le manque de courage moral. Nous trahissons notre dégoût, alors même que, sous l'influence d'une éducation de « savoir vivre », c'est-à-dire, d'hypocrisie, nous cherchons encore à cacher ce dégoût sous des dehors menteurs qui disparaîtront, à mesure que des relations d'égalité s'établiront entre nous.

———

Eh bien, cela seul suffit déjà pour maintenir à un certain niveau la conception du bien et du mal et se l'imprégner mutuellement; cela suffira d'autant mieux lorsqu'il n'y aura plus ni juge ni prêtre dans la société, — d'autant mieux que les principes moraux perdront tout caractère d'obligation et seront considérés comme des simples rapports naturels entre des égaux.

Et cependant, à mesure que ces rapports s'établissent, une conception morale encore plus élevée surgit dans la société et c'est cette conception que nous allons analyser.

VIII

Jusqu'à présent, dans toute notre analyse, nous n'avons fait qu'exposer de simples principes d'égalité. Nous nous sommes révolté, et nous avons invité les autres à se révolter, contre ceux qui s'arrogent le droit de traiter autrui comme ils ne voudraient nullement être traités eux-mêmes ; contre ceux qui ne voudraient être ni trompés, ni exploités, ni brutalisés, ni prostitués, mais qui le font à l'égard des autres. Le mensonge, la brutalité et ainsi de suite, avons-nous dit, sont répugnants, non parce qu'ils sont désapprouvés par les codes de moralité — nous ignorons ces codes — ils sont répugnants parce que le mensonge, la brutalité, etc., révoltent les sentiments d'égalité de celui pour lequel l'égalité n'est pas un vain mot; ils révoltent surtout celui qui est réellement anarchiste dans sa façon de penser et d'agir.

Mais, rien que ce principe si simple, si naturel et si évident — s'il était généralement appliqué dans la vie — constituerait déjà une morale très élevée, comprenant tout ce que les moralistes ont prétendu enseigner.

Le principe égalitaire résume les enseignements des moralistes. Mais il contient aussi quelque chose de plus. Et ce quelque chose est le respect de l'individu. En proclamant notre morale égalitaire et anarchiste, nous refusons de nous arroger le droit que les moralistes ont toujours prétendu exercer — celui de mutiler l'individu au nom d'un certain idéal qu'ils croyaient bon. Nous ne reconnaissons ce droit à personne ; nous n'en voulons pas pour nous.

Nous reconnaissons la liberté pleine et entière de l'individu ; nous voulons la plénitude de son existence, le développement libre de toutes ses facultés. Nous ne voulons rien lui imposer, et nous retournons ainsi au principe que Fourier opposait à la morale des religions, lorsqu'il disait : Laissez les hommes absolument libres ; ne les mutilez pas, — les religions l'ont assez fait. Ne craignez même pas leurs passions : dans une société *libre* elles n'offriront aucun danger.

Pourvu que vous-même n'abdiquiez pas votre liberté ; pourvu que vous-même ne vous laissiez pas asservir par les autres ; et pourvu qu'aux passions violentes et anti-sociales de tel individu vous opposiez vos passions sociales, tout aussi vigoureuses. Alors vous n'aurez rien à craindre de la liberté *.

Nous renonçons à mutiler l'individu au nom de n'importe quel idéal : Tout ce que nous nous réservons, c'est de franchement exprimer nos sympathies et nos antipathies pour ce que nous trouvons bon ou mauvais. Un tel trompe-t-il ses amis ? C'est sa volonté, son caractère ? — Soit ! Eh bien, c'est *notre* caractère, c'est *notre* volonté de mépriser le menteur ! Et une fois que tel est notre caractère, soyons francs. Ne nous précipitons pas vers lui pour le serrer sur notre gilet et lui prendre affectueusement la main, comme cela se fait aujourd'hui ! A sa passion active opposons la nôtre, tout aussi active et vigoureuse.

C'est tout ce que nous avons le droit et le devoir de faire pour maintenir dans la société le principe égalitaire. C'est encore le principe d'égalité, mis en pratique **.

---

* De tous les auteurs modernes, le norvégien Ibsen, que l'on lira bientôt en France avec passion, comme on le lit déjà en Angleterre, a le mieux formulé ces idées dans ses drames. C'est encore un anarchiste sans le savoir.
** Nous entendons déjà dire : — « Et l'assassin ? Et celui qui débauche les enfants ? » — A cela notre réponse est simple. L'assassin qui tue simplement par soif de sang est *extrémement* rare. C'est un malade à guérir ou à éviter. Quant au débauché, — veillons d'abord à ce que la société ne pervertisse pas les sentiments de nos enfants, alors nous n'aurons rien à craindre de ces messieurs.

Tout cela, bien entendu, ne se fera entièrement que lorsque les grandes causes de dépravation : capitalisme, religion, justice, gouvernement, auront cessé d'exister. Mais cela peut
se faire déjà en grande partie dès aujourd'hui.
Cela se fait déjà.

———

Et cependant, si les sociétés ne connaissaient
que ce principe d'égalité ; si chacun, se tenant
à un principe d'équité marchande, se gardait à
chaque instant de donner aux autres quelque
chose en plus de ce qu'il reçoit d'eux — ce serait la mort de la société. Le principe même
d'égalité disparaîtrait de nos relations, car pour
le maintenir, il faut qu'une chose plus grande,
plus belle, plus vigoureuse que la simple équité
se produise sans cesse dans la vie.
Et cette chose se produit.

———

Jusqu'à présent, l'humanité n'a jamais man-
qué de ces grands cœurs qui débordaient de
tendresse, d'esprit ou de volonté, et qui em-
ployaient leur sentiment, leur intelligence ou
leur force d'action au service de la race humaine, sans rien lui demander en retour.
Cette fécondité de l'esprit, de la sensibilité
ou de la volonté prend toutes les formes possibles. C'est le chercheur passionné de la vérité
qui, renonçant à tous les autres plaisirs de la
vie, s'adonne avec passion à la recherche de ce

qu'il croit être vrai et juste, contrairement aux
affirmations des ignorants qui l'entourent. C'est
l'inventeur qui vit du jour au lendemain, oublie
jusqu'à la nourriture et touche à peine au pain
qu'une femme, qui se dévoue pour lui, lui fait
manger comme à un enfant, tandis que lui
poursuit son invention destinée, pense-t-il, à
changer la face du monde. C'est le révolu-
tionnaire ardent, auquel les joies de l'art, de la
science, de la famille même, paraissent âpres
tant qu'elles ne sont pas partagées par tous et
qui travaille à régénérer le monde malgré la misère et les persécutions. C'est le jeune garçon
qui, au récit des atrocités de l'invasion, prenant
au mot les légendes de patriotisme qu'on lui
soufflait à l'oreille, allait s'inscrire dans un
corps franc, marchait dans la neige, souffrait
la faim et finissait par tomber sous les balles.

C'est le gamin de Paris qui, mieux inspiré et
doué d'une intelligence plus féconde, choisis-
sant mieux ses aversions et ses sympathies,
courait aux remparts avec son petit frère cadet,
restait sous la pluie des obus et mourait en
murmurant : « Vive la Commune ! » C'est l'homme qui se révolte à la vue d'une iniquité, sans
se demander ce qui en résultera et, alors que
tous plient l'échine, démasque l'iniquité, frappe
l'exploiteur, le petit tyran de l'usine, ou
le grand tyran d'un empire. C'est enfin tous
ces dévouements sans nombre, moins éclatants
et pour cela inconnus, méconnus presque tou-

jours, que l'on peut observer sans cesse, surtout
chez la femme, pourvu que l'on veuille se
donner la peine d'ouvrir les yeux et de remar-
quer ce qui fait le fond de l'humanité, ce qui
lui permet encore de se débrouiller tant bien
que mal, malgré l'exploitation et l'oppression
qu'elle subit.

———

Ceux-là forgent, les uns dans l'obscurité, les
autres sur une arène plus grande, les vrais progrès de l'humanité. Et l'humanité le sait. C'est
pourquoi elle entoure leurs vies de respèct, de
légendes. Elle les embellit même et en fait les
héros de ses contes, de ses chansons, de ses
romans. Elle aime en eux le courage, la bonté,
l'amour et le dévouement qui manquent au
grand nombre. Elle transmet leur mémoire à
ses enfants. Elle se souvient de ceux mêmes qui
n'ont agi que dans le cercle étroit de la famille
et des amis, en vénérant leur mémoire dans les
traditions de famille.

Ceux-là font la vraie moralité — la seule ,
d'ailleurs, qui soit digne de ce nom, — le reste
n'étant que de simples rapports d'égalité. Sans
ces courages et ces dévouements, l'humanité se
serait abrutie dans la vase des calculs mes-
quins. Ceux-là, enfin, préparent la moralité de
l'avenir, celle qui viendra lorsque, cessant de
compter , nos enfants grandiront dans l'idée
que le meilleur usage de toute chose , de

toute énergie, de tout courage, de tout amour,
est là où le besoin de cette force se sent le plus
vivement.

———

Ces courages, ces dévouements ont existé de
tout temps. On les rencontre chez tous les animaux sociables. On les rencontre chez l'homme,
même pendant les époques de plus grand
abrutissement.

Et, de tout temps, les religions ont cherché à
se les approprier, à en battre monnaie à leur
propre avantage. Et si les religions vivent encore, c'est parce que — à part l'ignorance — elles
ont de tout temps fait appel précisément à ces
dévouements, à ces courages. C'est encore à
eux que font appel les révolutionnaires — surtout les révolutionnaires socialistes.

Quant à les expliquer, les moralistes religieux, utilitaires et autres, sont tombés, à leur
égard, dans les erreurs que nous avons déjà si-
gnalées. Mais il appartient à ce jeune philosophe, Guyau, — ce penseur, anarchiste sans le
savoir — d'avoir indiqué la vraie origine de ces
courages et de ces dévouements, en dehors de
toute force mystique, en dehors de tous ces calculs mercantiles bizarrement imaginés par les
utilitaires de l'école anglaise. Là, où la philosophie kantienne, positiviste et évolutionniste
ont échoué, la philosophie anarchiste a trouvé
le vrai chemin.

Leur origine, a dit Guyau, *c'est le senti-*

ment de sa propre force. C'est la vie qui déborde, qui cherche à se répandre. « Sentir intérieurement ce qu'on est *capable* de faire, c'est par là même prendre la première conscience de ce qu'on a le *devoir* de faire. »

Le sentiment moral du *devoir*, que chaque homme a senti dans sa vie et que l'on a cherché à expliquer par tous les mysticismes , — « le devoir n'est autre chose qu'une surabondance de vie qui demande à s'exercer, à se donner ; c'est en même temps le sentiment d'une puissance. »

Toute force qui s'accumule crée une pression sur les obstacles placés devant elle. *Pouvoir* agir, c'est *devoir* agir. Et toute cette « obligation » morale dont on a tant parlé et écrit, dépouillée de tout mysticisme, se réduit ainsi à cette conception vraie : *la vie ne peut se maintenir qu'à condition de se répandre.*

« La plante ne peut pas s'empêcher de fleurir. Quelquefois, fleurir, pour elle, c'est mourir. N'importe, la sève monte toujours ! » conclut le jeune philosophe anarchiste.

Il en est de même pour l'être humain lorsqu'il est plein de force et d'énergie. La force s'accumule en lui. Il répand sa vie. Il donne sans compter — sans cela il ne vivrait pas. Et s'il doit périr, comme la fleur en s'épanouissant — n'importe ! La sève monte, si sève il y a.

Sois fort ! Déborde d'énergie passionnelle et intellectuelle — et tu déverseras sur les au-

tres ton intelligence, ton amour, ta force d'action ! — Voilà à quoi se réduit tout l'enseignement moral, dépouillé des hypocrisies de l'as-
cétisme oriental.

IX

Ce que l'humanité admire dans l'homme vrai-
ment moral, c'est sa force, c'est l'exubérance
de la vie, qui le pousse à donner son intelligence, ses sentiments, ses actes, sans rien demander en retour.

L'homme fort de pensée, l'homme qui déborde de vie intellectuelle, cherche naturelle-
ment à se répandre. Penser, sans communi-
quer sa pensée aux autres, n'aurait aucun at-
trait. Il n'y a que l'homme pauvre d'idées qui,
après en avoir déniché une avec peine, la
cache soigneusement pour lui apposer plus
tard l'estampille de son nom. L'homme fort
d'intelligence déborde de pensées : il les sème
à pleines mains. Il souffre s'il ne peut les partager, les semer aux quatre vents : c'est là sa
vie.

Il en est de même pour le sentiment. — « Nous
ne sommes pas assez pour nous-mêmes : nous
avons plus de larmes qu'il n'en faut pour nos
propres souffrances, plus de joies en réserve
que n'en justifie notre propre existence, » a dit
Guyau, résumant ainsi toute la question de moralité en quelques lignes si justes, prises sur la

nature. L'être solitaire souffre , il est pris
d'une certaine inquiétude, parce qu'il ne peut
partager sa pensée, ses sentiments avec les
autres. Quand on ressent un grand plaisir,
on voudrait faire savoir aux autres qu'on
existe, qu'on sent, qu'on aime, que l'on vit,
que l'on lutte, que l'on combat.

En même temps, nous sentons le besoin
d'exercer notre volonté, notre force d'action.
Agir , travailler est devenu un besoin pour
l'immense majorité des hommes ; si bien que
lorsque des conditions absurdes éloignent
l'homme ou la femme du travail utile, ils inventent des travaux, des obligations futiles
et insensées, pour ouvrir un champ quelconque à leur force d'action. Ils inventent n'importe quoi — une théorie, une religion, un
« devoir social » — pour se persuader qu'ils
font quelque chose d'utile. Quand ils dansent
— c'est pour la charité ; quand ils se ruinent
par leurs toilettes — c'est pour maintenir l'a-
ristocratie à sa hauteur ; quand ils ne font rien
du tout — c'est par principe.

« On a *besoin* d'aider autrui, de donner son
coup d'épaule au coche qu'entraîne pénible-
ment l'humanité ; en tout cas on bourdonne
autour, » dit Guyau. Ce besoin de donner son
coup d'épaule est si grand qu'on le retrouve
chez tous les animaux sociables, si inférieurs

qu'ils soient. Et toute cette immense activité qui chaque jour se dépense si inutilement en politique — qu'est-ce sinon le besoin de donner son coup d'épaule au coche ou de bourdonner autour?

———

Certainement, cette « fécondité de la volonté », cette soif d'action, quand elle n'est accompagnée que d'une sensibilité pauvre et d'une intelligence incapable de *créer*, ne donnera qu'un Napoléon 1er ou un Bismarck — des toqués qui voulaient faire marcher le monde à rebours. D'autre part, une fécondité de l'esprit, dénuée cependant de sensibilité bien développée, donnera ces fruits secs, les savants, qui ne font qu'arrêter le progrès de la science. Et enfin la sensibilité non guidée par une intelligence assez vaste produira ces femmes prêtes à tout sacrifier à une brute quelconque sur laquelle elles versent tout leur amour.

Pour être réellement féconde, la vie doit l'être en intelligence, en sentiment et en volonté à la fois. Mais alors, cette fécondité dans toutes les directions c'est la *vie* : la seule chose qui mérite ce nom. Pour un moment de cette vie, ceux qui l'ont entrevue donnent des années d'existence végétative. Sans cette vie débordante, on n'est qu'un vieillard avant l'âge, un impuissant, une plante qui se dessèche sans jamais avoir fleuri.

« Laissons aux pourritures fin de siècle cette
vie qui n'en est pas une » — s'écrie la jeunesse, la vraie jeunesse pleine de sève qui veut
vivre et semer la vie autour d'elle. Et chaque
fois qu'une société tombe en pourriture,
une poussée venue de cette jeunesse brise les
vieux moules économiques, politiques, moraux, pour faire germer une vie nouvelle.
Qu'importe si un tel ou tel autre tombe dans
la lutte! La sève monte toujours. Pour lui,
vivre c'est fleurir, quelles qu'en soient les
conséquences! Il ne les regrette pas.

———

Mais, sans parler des époques héroïques de
l'humanité, et en prenant la vie de tous les
jours — est-ce une vie que de vivre en dé-
saccord avec son idéal?
De nos jours on entend dire souvent que l'on
se moque de l'idéal. Cela se comprend. On a si
souvent confondu l'idéal avec la mutilation
bouddhiste ou chrétienne ; on a si souvent em-
ployé ce mot pour tromper les naïfs, que la réac-
tion est nécessaire et salutaire. Nous aussi
nous aimerions remplacer ce mot « idéal »,
couvert de tant de souillures, par un mot
nouveau plus conforme aux idées nouvelles.
Mais, quel que soit le mot, le fait est là : —
Chaque être humain a son idéal. Bismarck a
le sien, si fantastique qu'il soit : le gouvernement par le fer et le feu. Chaque bourgeois a

le sièn, — ne serait-ce que la baignoire d'argent de Gambetta, le cuisinier Trompette, et beaucoup d'esclaves, pour payer Trompette et la baignoire sans trop se faire tirer l'oreille.

Mais à côté de ceux-là, il y a l'être humain qui a conçu un idéal supérieur. Une vie de brute ne peut pas le satisfaire. La servilité, le mensonge, le manque de bonne foi, l'intrigue, l'inégalité dans les rapports humains, le révoltent. Comment peut-il devenir servile, menteur, intrigant, dominateur à son tour ? Il entrevoit, combien la vie serait belle si des rapports meilleurs existaient entre tous; il se sent la force de ne pas manquer, lui, à établir ces meilleurs rapports avec ceux qu'il rencontrera dans son chemin. Il conçoit ce que l'on a appelé l'idéal.

D'où vient cet idéal ? Comment se façonne-t-il, par l'hérédité d'une part et les impressions de la vie d'autre part ? Nous n'en savons rien. Tout au plus pourrions-nous en faire, dans nos biographies, une histoire plus ou moins vraie. Mais il est là — variable, progressif, ouvert aux influences du dehors, mais toujours vivant. C'est une sensation, inconsciente en grande partie, de ce qui nous donnera la plus grande somme de vitalité, la jouissance d'être.

Eh bien, la vie n'est vigoureuse, féconde, riche en sensations, qu'à condition de répondre à cette sensation de l'idéal. Agissez *contre* cette sensation, et vous sentez votre vie se dédoubler ; elle n'est plus *une*, elle perd de sa vigueur. Manquez souvent à votre idéal, et vous finissez par paralyser votre volonté, votre force d'action. Bientôt vous ne retrouvez plus cette vigueur, cette spontanéité de décision que vous vous connaissiez jadis. Vous êtes un être brisé.

Rien de mystérieux là-dedans, une fois que vous envisagez l'homme comme un composé de centres nerveux et cérébraux agissant indépendamment. Flottez entre les divers sentiments qui luttent en vous, et vous arriverez bientôt à rompre l'harmonie de l'organisme, vous serez un malade sans volonté. L'intensité de la vie baissera et vous aurez beau chercher des compromis : vous ne serez plus l'être complet, fort, vigoureux, que vous étiez lorsque vos actes se trouvaient en accord avec les conceptions idéales de votre cerveau.

X

Et maintenant, disons avant de terminer, un mot de ces deux termes, issus de l'école anglaise — *altruisme* et *égoïsme*, dont on nous écorche continuellement les oreilles.

Jusqu'à présent nous n'en avons même pas parlé dans cette étude. C'est que nous ne voyons même pas la distinction que les moralistes anglais ont cherché à introduire.

Quand nous disons : « Traitons les autres

comme nous voulons être traités nous mêmes — est-ce de l'égoïsme ou de l'altruisme
que nous recommandons ? Quand nous nous
élevons plus haut et que nous disons : « Le bonheur de chacun est intimement lié au bonheur
de tous ceux qui l'entourent. On peut avoir
par hasard quelques années de bonheur relatif
dans une société basée sur le malheur des autres ; mais ce bonheur est bâti sur le sable. Il
ne peut pas durer ; la moindre des choses suffit
pour le briser ; et il est misérablement petit
en comparaison du bonheur possible dans une
société d'égaux. Aussi, chaque fois que tu vi-
seras le bien de tous, tu agiras bien ; » quand
nous disons cela — est-ce de l'altruisme ou de
l'égoïsme que nous prêchons ? Nous constatons simplement un fait.

Et quand nous ajoutons en paraphrasant une
parole de Guyau : « Sois fort ; sois *grand* dans
tous tes actes ; développe ta vie dans toutes
les directions ; sois aussi riche que possible
en énergie, et pour cela sois l'être le plus social et le plus sociable, — *si* tu tiens à jouir
d'une vie pleine, entière et féconde. Guidé toujours par une intelligence richement développée, lutte, risque — le risque a ses jouissances immenses — jette tes forces sans les
compter, tant que tu en as, dans tout ce que
tu sentiras être beau et grand — et alors tu
auras joui de la plus grande somme possible
de bonheur. Sois *un* avec les masses, et alors,

quoi qu'il t'arrive dans la vie, tu sentiras battre *avec* toi précisément les cœurs que tu estimes, et battre *contre* toi ceux que tu méprises ! » Quand nous disons cela — est-ce de l'altruisme ou de l'égoïsme que nous enseignons ?

Lutter, affronter le danger; se jeter à l'eau pour sauver, non seulement un homme, mais un simple chat; se nourrir de pain sec pour mettre fin aux iniquités qui vous révoltent ; se sentir d'accord avec ceux qui méritent d'être aimés, se sentir aimé par eux — pour un philosophe infirme, tout cela est peut-être un sacrifice. Mais pour l'homme et la femme pleins d'énergie, de force, de vigueur, de jeunesse, c'est le plaisir de se sentir *vivre*.

Est-ce de l'égoïsme? Est-ce de l'altruisme?

En général, les moralistes qui ont bâti leurs systèmes sur une opposition prétendue entre les sentiments égoïstes et les sentiments altruistes, ont fait fausse route. Si cette opposition existait en réalité, si le bien de l'individu était réellement opposé à celui de la société, l'espèce humaine n'aurait pu exister ; aucune espèce animale n'aurait pu atteindre son développement actuel. Si les fourmis ne trouvaient un plaisir intense à travailler, toutes, pour le bien-être de la fourmilière , la fourmilière n'existerait pas, et la fourmi ne serait

pas ce qu'elle est aujourd'hui : l'être le plus
développé parmi les insectes, un insecte dont
le cerveau, à peine perceptible sous le verre
grossissant, est presqu'aussi puissant que le
cerveau moyen de l'homme. Si les oiseaux ne
trouvaient pas un plaisir intense dans leurs
migrations, dans les soins qu'ils donnent à
élever leur progéniture, dans l'action commune pour la défense de leurs sociétés contre
les oiseaux rapaces, l'oiseau n'aurait pas
atteint le développement auquel il est arrivé.
Le type de l'oiseau aurait rétrogradé, au lieu
de progresser.

Et quand Spencer prévoit un temps où le
bien de l'individu se *confondra* avec le bien
de l'espèce, il oublie une chose : c'est que si
les deux *n'avaient pas toujours été identiques*, l'évolution même du règne animal n'aurait pu s'accomplir.

Ce qu'il y a eu de tout temps, c'est qu'il
s'est toujours trouvé, dans le monde animal
comme dans l'espèce humaine, un grand nombre d'individus qui *ne comprenaient pas*
que le bien de l'individu et celui de l'espèce
sont, au fond, identiques. Ils ne comprenaient
pas que *vivre* d'une vie intense étant le but
de chaque individu, il trouve la plus grande
intensité de la vie dans la plus grande sociabilité, dans la plus identification de soi-même
avec tous ceux qui l'entourent.

Mais ceci n'était qu'un manque d'intelligence, un manque de compréhension. De tout temps il y a eu des hommes bornés; de tout temps il y a eu des imbéciles. Mais jamais, à aucune époque de l'histoire, ni même de la géologie, le bien de l'individu n'a été opposé à celui de la société. De tout temps ils restaient identiques, et ceux qui l'ont le mieux compris ont toujours joui de la vie la plus complète.

———

La distinction entre l'égoïsme et l'altruisme est donc absurde à nos yeux. C'est pourquoi nous n'avons rien dit, non plus, de ces *compromis* que l'homme, à en croire les utilitariens, ferait toujours entre ses sentiments égoïstes et ses sentiments altruistes. Ces compromis n'existent pas pour l'homme convaincu.

Ce qui existe, c'est que réellement dans les conditions actuelles, alors même que nous cherchons à vivre conformément à nos principes égalitaires, nous les sentons froissés à chaque pas. Si modeste que soit notre repas et notre lit, nous sommes des Rothschild en comparaison de celui qui couche sous les ponts et qui manque si souvent de pain sec. Si peu que nous donnions aux jouissances intellectuelles et artistiques, nous sommes encore des Rothschild en comparaison des millions qui rentrent abrutis par le travail manuel, qui ne peuvent pas jouir de l'art et de la science et

mourront sans jamais avoir connu ces hautes
jouissances.

Nous sentons que nous n'avons pas poussé
le principe égalitaire jusqu'au bout. Mais nous
ne voulons pas faire de *compromis* avec ces
conditions. Nous nous révoltons contre elles.
Elles nous pèsent. Elles nous rendent révolutionnaires. Nous ne nous accomodons pas de
ce qui nous révolte. Nous répudions tout compromis, tout armistice même, et nous nous
promettons de lutter à outrance avec ces conditions.

Ceci n'est pas un compromis ; et l'homme
convaincu n'en veut pas qui lui permette de
dormir tranquille en attendant que cela change
de soi-même.

———

Nous voilà enfin au bout de notre étude.

Il y a des époques, avons-nous dit, où la
conception morale change tout à fait. On s'a-
perçoit que ce que l'on avait considéré comme
moral est de la plus profonde immoralité. Ici,
c'était une coutume, une tradition vénérée,
mais immorale dans le fond. Là, on ne trouve
qu'une morale faite à l'avantage d'une seule
classe. On les jette par dessus bord, et on
s'écrie : « A bas la morale ! » On se fait un devoir de faire des actes immoraux.

Saluons ces époques. Ce sont des époques
de critique. Elles sont le signe le plus sûr

qu'il se fait un grand travail de pensée dans la
société. C'est l'élaboration d'une morale supé-
rieure.

Ce que sera cette morale, nous avons cherché à le formuler en nous basant sur l'étude
de l'homme et des animaux. Et nous avons vu
la morale qui se dessine déjà dans les idées
des masses et des penseurs.

Cette morale n'ordonnera rien. Elle refusera
absolument de modeler l'individu selon une
idée abstraite, comme elle refusera de le mutiler par la religion, la loi et le gouvernement.
Elle laissera la liberté pleine et entière à l'individu. Elle deviendra une simple constata-
tion de faits, une science.

Et cette science dira aux hommes : Si tu ne
sens pas en toi la force, si tes forces sont juste
ce qu'il faut pour maintenir une vie grisâtre,
monotone, sans fortes impressions, sans
grandes jouissances, mais aussi sans grandes souffrances, eh bien, tiens t'en aux simples principes de l'équité égalitaire. Dans des
relations égalitaires tu trouveras, à tout
prendre, la plus grande somme de bonheur
possible, étant données tes forces médiocres.

Mais si tu sens en toi la force de la jeunesse,
si tu veux vivre, si tu veux jouir de la vie entière, pleine, débordante — c'est-à-dire con-
naître la plus grande jouissance qu'un être vivant puisse désirer — sois fort, sois grand,
sois énergique dans tout ce que tu feras.

Sème la vie autour de toi. Remarque que tromper, mentir, intriguer, ruser, c'est t'avilir, te rapetisser, te reconnaître faible d'avance, c'est faire comme l'esclave du harem qui se sent inférieur à son maître. Fais-le si cela te plaît, mais alors sache d'avance que l'humanité te considérera petit, mesquin, faible, et te traitera en conséquence. Ne voyant pas ta force, elle te traitera comme un être qui mérite de la compassion — de la compassion seulement. Ne t'en prends pas à l'humanité si toi-même tu paralyses ainsi ta force d'action. Sois fort, au contraire, et une fois que tu auras vu une iniquité et que tu l'auras comprise, — une iniquité dans la vie, un mensonge dans la science, ou une souffrance imposée par un autre, — révolte-toi contre l'iniquité, le mensonge et l'injustice. Lutte ! La lutte c'est la vie d'autant plus intense que la lutte sera plus vive. Et alors tu auras vécu, et pour quelques heures de cette vie tu ne donneras pas des années de végétation dans la pourriture du marais.

Lutte pour permettre à tous de vivre de cette vie riche et débordante, et sois sûr que tu trouveras dans cette lutte des joies si grandes que tu n'en trouverais pas de pareilles dans aucune autre activité.

C'est tout ce que peut te dire la science de la morale. A toi de choisir.

LA RÉVOLTE

ORGANE COMMUNISTE-ANARCHISTE

Paraissant tous les huit jours avec un Supplément littéraire

Administration : 140, rue Mouffetard

Prix : 10 centimes le numéro

ABONNEMENTS

France : Un An 6 fr. — Extérieur : 8 fr.

Lightning Source UK Ltd.
Milton Keynes UK
UKHW020646090223
416652UK00001B/24

9 780270 063110